O coordenador
pedagógico
e a educação
continuada

Leitura indicada

1. O coordenador pedagógico e a educação continuada
2. O coordenador pedagógico e a formação docente
3. O coordenador pedagógico e o espaço da mudança
4. O coordenador pedagógico e o cotidiano da escola
5. O coordenador pedagógico e questões da contemporaneidade
6. O coordenador pedagógico e os desafios da educação
7. O coordenador pedagógico e o atendimento à diversidade
8. O coordenador pedagógico: provocações e possibilidades de atuação
9. O coordenador pedagógico e a formação centrada na escola
10. O coordenador pedagógico no espaço escolar: articulador, formador e transformador
11. O coordenador pedagógico e o trabalho colaborativo na escola
12. O coordenador pedagógico e a legitimidade de sua atuação
13. O coordenador pedagógico e seus percursos formativos
14. O coordenador pedagógico e questões emergentes na escola
15. O coordenador pedagógico e as relações solidárias na escola
16. O coordenador pedagógico e os desafios pós-pandemia
17. O coordenador pedagógico e seu desenvolvimento profissional na educação básica

O coordenador pedagógico e a educação continuada

Eliane Bambini Gorgueira Bruno
Laurinda Ramalho de Almeida
Luiza Helena da Silva Christov
ORGANIZADORAS

Ana Archangelo Guimarães
Cecília Hanna Mate
Eliane Bambini Gorgueira Bruno
Fábio Camargo Bandeira Villela
Laurinda Ramalho de Almeida
Luiza Helena da Silva Christov
Maristela Lobão de Moraes Sarmento
Vera Maria Nigro de Souza Placco

Dados Internacionais de Catalogação na Publicação (CIP)
(Câmara Brasileira do Livro, SP, Brasil)

O Coordenador pedagógico e a educação continuada. -- 14. ed.
-- São Paulo : Edições Loyola, 2012.

Vários autores.
Bibliografia.
ISBN 978-85-15-01718-8

1. Coordenadores educacionais 2. Educação - Finalidades e objetivos 3. Pedagogia 4. Professores - Formação.

12-10903   CDD-370.71

Índices para catálogo sistemático:
1. Coordenação pedagógica : Educação   370.71
2. Coordenadores pedagógicos : Educação   370.71

Conselho editorial:
Abigail Alvarenga Mahoney
Emilia Freitas de Lima
Idméa S. P. M. de Siqueira
Laurinda Ramalho de Almeida
Melania Moroz
Vera Maria Nigro de S. Placco

Capa: Amanda Ap. Cabrera
Ronaldo Hideo Inoue
Diagramação: Paula Regina Rossi Matheus
Revisão: Malvina Tomáz

Edições Loyola Jesuítas
Rua 1822 nº 341 – Ipiranga
04216-000 São Paulo, SP
T 55 11 3385 8500/8501, 2063 4275
editorial@loyola.com.br
vendas@loyola.com.br
www.loyola.com.br

Todos os direitos reservados. Nenhuma parte desta obra pode ser reproduzida ou transmitida por qualquer forma e/ou quaisquer meios (eletrônico ou mecânico, incluindo fotocópia e gravação) ou arquivada em qualquer sistema ou banco de dados sem permissão escrita da Editora.

ISBN 978-85-15-01718-8

14ª edição: 2012

© EDIÇÕES LOYOLA, São Paulo, Brasil, 1998

Sumário

Introdução 7

1. Educação continuada: função essencial do coordenador pedagógico
   Luiza Helena da Silva Christov 9

2. O trabalho coletivo como espaço de formação
   Eliane Bambini Gorgueira Bruno 15

3. Qual a identidade do professor coordenador pedagógico?
   Cecília Hanna Mate 19

4. O coordenador pedagógico ante o desafio de articular e mobilizar a equipe escolar para tecer o projeto pedagógico
   Laurinda Ramalho de Almeida 25

5. Teoria e prática: o enriquecimento da própria experiência
   Luiza Helena da Silva Christov 37

6. Outro jeito de dar aulas: Orientação de Estudos
   Vera Maria Nigro de Souza Placco e Maristela Lobão de Moraes Sarmento 41

7. Sobre o diagnóstico
   Fábio Camargo Bandeira Villela e Ana Archangelo Guimarães 51

Agradecimento especial
a **_Luiz Monteiro Teixeira_**
pela oportunidade deste livro.

Introdução

O apelo para que o poder público favoreça o desenvolvimento de um processo de *educação continuada* em cada escola é uma reivindicação dos professores em todo o país. Só assim estará garantida a reflexão sobre a prática no próprio local de trabalho, bem como a possibilidade de se reorganizar coletivamente o espaço escolar por meio de um projeto pedagógico voltado para a efetiva superação dos problemas presentes no interior do sistema educacional brasileiro.

Essa perspectiva fez com que os educadores do Estado de São Paulo recebessem com boa vontade o projeto da Secretaria de Estado da Educação que permitiu a presença de um ou mais coordenadores pedagógicos em cada escola, a partir de 1996. O reconhecimento da importância desse coordenador como agente articulador da construção coletiva de um projeto pedagógico para a escola e como agente responsável pela coordenação da educação continuada no cotidiano escolar levou, até mesmo, o Sindicato dos Professores do Estado — APEOESP — a desenvolver um programa de reflexão especificamente voltado para os professores coordenadores pedagógicos, que se defrontaram com entraves relativos à estrutura da própria rede oficial de ensino e ao preparo ou aos saberes necessários para o desempenho de sua função.

Com o propósito de oferecer subsídios ao professor coordenador pedagógico, este livro foi organizado a partir de artigos

7

elaborados por educadores, em sua maioria pesquisadores, que atuam em programas de *educação continuada*. Trata-se, portanto, de uma publicação especificamente voltada para o professor coordenador. Seus autores esperam construir um processo comunicativo com este agente, de quem tanto se espera e a quem nem sempre foi oferecida, por parte de políticas governamentais, a devida atenção.

1
Educação continuada: função essencial do coordenador pedagógico

Luiza Helena da Silva Christov
Professora pesquisadora da UNESP
Doutora pela PUC de São Paulo

A atribuição essencial do coordenador pedagógico está, sem dúvida alguma, associada ao processo de formação em serviço dos professores. Esse processo tem sido denominado de *educação continuada*, tanto nos textos oficiais de secretarias municipais e estaduais de educação como na literatura recente sobre formação em serviço.

A expressão *educação continuada* traz uma crítica a termos anteriormente utilizados tais como: treinamento, capacitação, reciclagem, que não privilegiavam a construção da autonomia intelectual do professor, uma vez que se baseavam em propostas previamente elaboradas a serem apresentadas aos professores para que as implementassem em sala de aula.

A partir da década de 1990, já podemos contar com diversas reflexões publicadas a respeito de formação de professores que criticam a concepção acima e sugerem novos encaminhamentos.

A *educação continuada* se faz necessária pela própria natureza do saber e do fazer humanos como práticas que se transformam constantemente. A realidade muda e o saber que construímos sobre ela precisa ser revisto e ampliado sempre. Dessa forma, um programa de educação continuada se faz necessário para atualizarmos nossos conhecimentos, principalmente para analisarmos as mudanças que ocorrem em nossa prática, bem como para atribuirmos direções esperadas a essas mudanças.

Educação continuada é um programa composto por diferentes ações como cursos, congressos, seminários, horário de trabalho pedagógico coletivo (HTPC), orientações técnicas e estudos individuais.

Um programa de *educação continuada* pressupõe:

- um contexto de atuação: uma escola, um município, um país, uma sociedade...
- a compreensão de que ela não será a responsável exclusiva pelas transformações necessárias à escola, uma vez que isso depende de um conjunto de relações, mas poderá ser um elemento de grande contribuição para essas transformações;
- as condições para a viabilização de suas ações, que podem ser resumidas em três grandes aspectos: vontade política por parte de educadores e governantes, recursos financeiros e organização do trabalho escolar com tempo privilegiado para estudos coletivos e individuais por parte dos professores.

As avaliações e as pesquisas realizadas até hoje sobre programas de *educação continuada* têm mostrado que seu sucesso requer como eixo fundamental a reflexão sobre a prática dos educadores envolvidos, tendo em vista as transformações desejadas para a sala de aula e para a construção da autonomia intelectual dos participantes.

Em artigo publicado no *Caderno CEDES n. 36*, dedicado integralmente ao tema *"educação continuada"*, Alda Junqueira Marin diz: "A atividade profissional dos educadores é algo que, continuamente, se refaz mediante processos educacionais formais e informais variados, amalgamados sem dicotomia entre vida e trabalho, entre trabalho e lazer. Com as contradições certamente, mas, afinal, mantendo as inter-relações múltiplas no mesmo homem. O uso do termo *educação continuada* tem a significação fundamental do conceito de que a educação consiste em auxiliar profissionais a participar ativamente do mundo que os cerca, incorporando tal vivência no conjunto dos saberes de sua profissão".

Angel Perez Goméz, em artigo publicado no livro *Os professores e sua formação*, coordenado por Antonio Nóvoa e editado por Publicações Dom Quixote, em 1995, afirma que para se superar a racionalidade técnica, ou seja, uma utilização linear e mecânica do conhecimento científico, é preciso partir da "análise das práticas dos professores quando enfrentam problemas complexos da vida escolar, para compreensão do modo como utilizam o conhecimento científico, como resolvem situações incertas e desconhecidas, como elaboram e modificam rotinas, como experimentam hipóteses de trabalho, como utilizam técnicas e instrumentos conhecidos e como recriam estratégias e inventam procedimentos e recursos".

Esse mesmo autor, citando Kemmis, no mesmo artigo, apresenta sobre a natureza da reflexão:

"A reflexão não é um processo mecânico, nem simplesmente um exercício criativo de construção de novas ideias, antes é uma prática que exprime o nosso poder para reconstruir a vida social, ao participar na comunicação, na tomada de decisões e na ação social".

Na década de 1980, a Secretaria de Estado da Educação em São Paulo realizou um convênio com as Universidades, para o desenvolvimento de cursos de trinta horas que pudessem servir de subsídios ao processo de implantação das propostas curriculares elaboradas pela Coordenadoria de Estudos e Normas Pedagógicas (CENP) em conjunto com representantes de cada Delegacia de Ensino e de cada uma das três universidades estaduais de São Paulo: USP, UNESP e UNICAMP.

Esses cursos foram interessantes, pois lançaram as sementes de uma grande mobilização dos professores de primeiro e segundo graus em direção à capacitação em serviço, com objetivo de esclarecer e aprofundar as questões suscitadas pelo novo currículo. Porém, não viabilizaram, a contento e de forma generalizada, a construção da reflexão sobre a prática por parte dos educadores da rede. Foram cursos de atualização e aperfeiçoamento, que serviram para lançar sementes sobre a necessidade de aprofundar cada um dos conteúdos propostos para o novo currículo do Estado de São Paulo e contribuíram para o crescimento intelectual de muitos professores, diretores e supervisores. Mas não serviram para garantir uma efetiva transformação na prática docente, já que a maioria dos cursos tratava de forma isolada os temas da escola e da sala de aula, sem que o projeto de escola fosse analisado e revisto. Assim, os cursos nem sempre atenderam às necessidades da rede estadual de ensino.

Todas as avaliações críticas sobre os cursos do convênio CENP/ Universidades mostraram urgência de rever a forma dos cursos tendo em vista a continuidade de participação e o comparecimento da realidade de cada escola ou de cada Delegacia de Ensino como base para a reflexão e a intervenção.

Da mesma forma, as orientações técnicas, os cursos dos Centros de Aperfeiçoamento de Recursos Humanos (CARH) e as ações da Fundação para o Desenvolvimento da Educação até 1994 buscaram superar os problemas encontrados anteriormente e hoje chegamos a uma proposta que se define como *educação continuada*.

Estamos cientes de que precisamos construir novas bases para pensar e para intervir nas escolas. Essa construção tem no professor coordenador um agente fundamental para garantir que os momentos de encontro na escola sejam proveitosos. É fundamental, ainda, a reorganização do tempo/espaço escolar, uma vez que experiências comprovam a importância de contarmos com o mínimo de duas horas e meia/relógio por semana para reflexões coletivas.

Para concluir, trazemos a contribuição de Schön, também citado por Goméz no artigo mencionado:

"Se o modelo da racionalidade técnica é incompleto, uma vez que ignora as competências práticas requeridas em situações divergentes, tanto pior para ele. Procuremos, em troca, uma nova epistemologia da prática, implícita nos processos intuitivos e artís-

ticos que alguns profissionais, de fato, levam a cabo em situações de incerteza, instabilidade, singularidade e conflito de valores".
Em outras palavras, as formas antigas de estudarmos nossa realidade, a partir de categorias previamente postuladas e de modelos de análise que enquadraram e silenciaram possibilidades de compreensão, devem ser substituídas por análises que contemplem a complexidade e a dinâmica surpreendente de um cotidiano denso de relações e trajetórias de múltiplas significações.

2
O trabalho coletivo como espaço de formação

Eliane Bambini Gorgueira Bruno
Professora da UMC
Doutora pela PUC de São Paulo

*"não espere que o rigor do teu caminho
que obstinadamente se bifurca em outro,
que obstinadamente se bifurca em outro,
tenha fim" (Borges, 1967).*

Uma das grandes expectativas, declaradas atualmente por parte de educadores em geral e por parte de pessoas que atuam em secretarias municipais e estaduais de educação, diz respeito ao planejamento e à organização de um trabalho pedagógico coletivo nas escolas de primeiro e segundo graus.

Por trás dessa expectativa, encontra-se a ideia de que uma nova escola, mais eficiente e capaz de ensinar, deva ser construída com os esforços de todos os sujeitos envolvidos com esse ensinar: alunos, pais, funcionários, professores, coordenadores, direção.

Essa ideia de uma escola feita por todos vem sendo reforçada nos últimos anos dentro de uma perspectiva descentralizadora dos serviços públicos que tem pregado a importância da autonomia a ser conquistada nos diferentes espaços de atuação do cidadão.

Em termos teóricos, sabemos que uma escola organizada por todos os que nela atuam tem maiores chances de ser uma escola adequada aos interesses de seus organizadores. Ninguém que tenha a chance de criar algo que o favoreça seria louco de fazer o contrário. E, teoricamente, a proposição de um projeto pedagógico coletivo parece ser algo a que ninguém se opõe. Afinal, a cooperação e a noção de que "a união faz a força" são ideias contra as quais nada se tem a dizer.

Em termos práticos, porém, sabemos que tal projeto coletivo é uma conquista muito difícil de ser realizada. Entraves pessoais e institucionais não faltam.

Uma das dificuldades do trabalho coletivo está no confronto de expectativas e desejos dos sujeitos envolvidos. Dificuldade que precisa de condições especiais para ser superada.

Uma dessas condições está na compreensão de que uma visão comum sobre a escola, um eixo aglutinador dos seus sujeitos, só pode ser construída a partir das visões particulares, das expectativas de cada um sobre a escola que se pretende organizar.

Como a escola apresenta um papel social já definido — espaço de construção e transmissão de cultura —, seus sujeitos deixam de se perguntar que tipo de escola desejam para si, seus alunos e filhos. Mas sobre construção e transmissão de cultura muito há por dizer, desejar e esperar. Principalmente no que diz respeito a temas, objetivos, métodos e recursos a serem assumidos. Sem esquecermos da pergunta básica sobre os valores a serem cultivados junto a alunos, pais, professores...

O exercício de confrontar as expectativas de cada um dos organizadores do projeto coletivo de escola exige a compreensão de que a explicitação do que se espera implica a publicação de um desejo, de um princípio, de uma convicção. Publicar significa tornar público, exigindo um desprendimento com relação ao próprio desejo. A publicação traz em si a ideia de que algo que era de uma pessoa agora é também de muitos e poderá ser transformado.

Portanto, o exercício de publicar o que se espera sobre a escola exige, também, a consciência de que é possível um aprofundamento, uma revisão, enfim, uma mudança em nossa convicção inicialmente apresentada. Mais do que essa consciência, é importante o interesse nessa mudança e a garantia de que o mesmo procedimento ocorra em relação a todas as expectativas apresentadas.

Desprendimento com relação às próprias convicções, atenção para com as convicções do outro e interesse para aprimorar ou alterar profundamente umas e outras são exigências da organização que se pretende coletiva.

Qual seria o papel do coordenador pedagógico nesse movimento de elaboração do projeto de escola?

Podemos pensar em três visões possíveis para o papel do coordenador: uma, como representante de objetivos e princípios da rede escolar a que pertence (estadual, municipal ou privada); outra, como educador que tem obrigação de favorecer a formação dos professores, colocando-os em contato com diversos autores e experiências para que elaborem suas próprias críticas e visões de escola (ainda que sob as diretrizes da rede em que atuam) e, finalmente, como alguém que tenta fazer valer suas convicções, impondo seu modelo para o projeto pedagógico.

São comuns, e de mais fácil realização, a primeira e última possibilidades citadas. Quanto ao papel do coordenador como educador, tendo em vista o trabalho pedagógico coletivo, podemos reconhecer que apresenta a complexidade própria de qualquer ação que pretenda o crescimento real e autônomo de pessoas.

Essa complexidade traz sinais que precisam ser interpretados para que se tenha uma compreensão de diversos movimentos do indivíduo em relação ao grupo e do grupo em relação aos indivíduos. São sinais da cultura dos grupos com valores comuns aos indivíduos, sinais das relações interpessoais, sinais de cada subjetividade produzida em diferentes contextos de relações.

O educador é um intérprete que precisa contribuir para a formação de leitores desses sinais.

O enfrentamento da complexidade dessa formação exige, em primeiro lugar, tempo para estar junto.

Tempo para a construção da confiança que permite a coragem de expressar os próprios desejos, as próprias dúvidas e os próprios medos.

Tempo para a revisão e a crítica de cada convicção publicada.

Tempo para tomar nas mãos as manifestações de cada um, "*olhando devagar para elas*" (Fernando Pessoa).

Tempo para compreender que:

"*...cada instante é diferente, e cada homem é diferente, e somos todos iguais*" (Carlos Drummond de Andrade).

3
Qual a identidade do professor coordenador pedagógico?

Cecília Hanna Mate
Professora pesquisadora da USP
Doutora pela UNESP

Essa tem sido a questão mais recorrente nas discussões junto aos Professores Coordenadores Pedagógicos (PCPs). De modo geral, para aqueles que se preocupam em encontrar alternativas para os espaços escolares, a atuação do PCP nas escolas públicas de São Paulo tem suscitado vários debates, propostas e reflexões, cujas inspirações vêm marcadas por experiências adquiridas anteriormente. Queiramos ou não, essas marcas acabam por consubstanciar os referenciais subjacentes a essas discussões. Por isso acredito que os diferentes discursos produzidos sobre o tema revelam, direta ou indiretamente, as tensões pertinentes ao lugar social de quem os produziu. Assim, se a função do PCP é nova, os embates em torno do tema "educação" não o são: carregam concepções e referenciais articulados a práticas sociais vividas. Desse modo, discutir a identidade do PCP pode significar rever posições, resgatar experiências, retomar conflitos, fazer opções, entrar em embates, enfrentar diferenças.

Assim, gostaria de refletir sobre o tema em questão problematizando-o a partir de dois aspectos que se imbricam: os riscos de definir a função do PCP e o significado histórico da hierarquia de funções na instituição escolar.

Em relação ao primeiro aspecto, penso que começa a se explicitar para muitos dos envolvidos com a atuação dos PCPs que vários estilos de coordenar os trabalhos nas escolas estão em construção. Torna-se claro também que certa angústia acompanha essas experiências singulares e às vezes isoladas. Sente-se, por um lado, a necessidade de "definir a identidade do PCP" cujo espaço parece não estar assegurado e, portanto, é ameaçado por outras formas de poder e necessidades. Por outro, é possível apreender um movimento criativo e inventivo em que, a despeito da não "institucionalização"[1] da função, ou talvez por isso mesmo, existe um processo de conquista de uma "territorialidade própria"[2]. Neste último sentido é preciso decorrer um tempo para a acomodação de conquistas pois não há, felizmente, uma tradição ou modelos que condicionem tais práticas. Elas estão se fazendo mediante um aprendizado local, com indagações e buscas de respostas a problemas gerados no cotidiano das escolas. Essas indagações e buscas começam a se explicitar nos encontros de PCPs (oficiais ou não), em que a troca de experiências passa a ter um significado especial, em que a escuta do outro também adquire um sentido de aprendizado. Enfim, o falar e o ouvir sobre as experiências passam a fazer parte constitutiva dos projetos em (re)construção, de modo que a busca, o contato e o diálogo com diferentes referenciais teóricos brotam do desejo de compreensão e de respostas para as perguntas e as angústias geradas nos espaços de trabalho. Visto sob o ponto de vista do alcance político-pedagógico, pode-se dizer que há uma oportunidade

---

1. O termo "institucionalização" está sendo usado no sentido de estabelecimento de normas e regras regulamentadoras da prática do Professor Coordenador Pedagógico: o que, como e quando deve fazer, quem deve aprovar etc.
2. A expressão é usada por Nóvoa, Antônio, "Formação de professores e profissão docente", in Os professores de sua formação, Lisboa: Publicações D. Quixote, 1992, em que o autor analisa as possibilidades de concretização da escola como ambiente educativo, dentro do qual a formação de professores deve ser permanente.

histórica se construindo em relação ao trabalho do PCP, uma vez que permite criar condições e/ou potencializar e dinamizar experiências de professores e alunos que muitas vezes ocorrem solitariamente e sem interlocução.

Portanto, a busca de definição da função do PCP nesse momento talvez se faça a partir e no interior das relações travadas no dia a dia da escola em caminhos e atalhos a serem construídos/seguidos. Dessa maneira é difícil imaginar um projeto e um modo de geri-lo uniformes, mas sim modos próprios de fazê-los, tendo em vista suas especificidades culturais, profissionais, enfim, situações singulares que demandam encaminhamentos também singulares. Pode-se imaginar alguns pontos comuns a serem discutidos e trocados[3], mas que não sejam determinados *a priori*, e sim ao longo da produção de um saber no espaço da escola: a conquista de uma "territorialidade própria".

O segundo aspecto do tema se refere ao significado histórico da hierarquia de funções na instituição escolar. Trata-se de um aspecto que merece ser tratado com bastante atenção, não só pela complexidade que carrega, mas porque historicamente tem marcado com tal intensidade os modos de fazer e pensar educação, que suas práticas acabaram por "naturalizar-se". Refiro-me aos códigos e às normas regulamentadoras e produtoras das relações pedagógicas entre técnico, diretor, professor, aluno, chegando até as famílias. Instauradas desde as décadas de 1920 e 1930, durante processo de institucionalização do sistema escolar[4], essas regras foram lentamente se incorporando às práticas pedagógicas, criando hábitos e reestruturando mentalidades. Assim, perderam-se de vista os fios históricos, artífices dessa "lógica administrativa" que

---

3. Em encontros de que vimos participando junto aos PCPs, tanto na cidade de São Paulo como no interior do Estado, foi possível perceber iniciativas dos próprios PCPs entre si e suas escolas, no sentido de promover encontros e trocas de experiências.
4. Ver artigo de Mate, Cecília Hanna, "A instituição escolar como higienizadora da sociedade dos anos 20", in Silva, Zélia Lopes (org.), *Cultura histórica em debate*, São Paulo: Ed. UNESP, 1995.

passou a ser percebida, em seus dispositivos de funcionamento, como "natural" e intrínseca aos espaços escolares[5].

Penso que, quando tomamos consciência desses fios históricos como contingência que permitiu a trama da fabricação de discursos, de modos de pensar, de hábitos e atitudes, não estaríamos concebendo nosso eterno enredamento numa teia histórica sem saídas. Pelo contrário, ao compreendermos que certas regras e normas que delimitam e burocratizam nosso fazer pedagógico foram produzidas sob contingências determinadas e por sujeitos em luta disputando projetos sociais bastante concretos, entendemos que nosso olhar pode ser bem mais livre do que pensamos. Ou seja, ao descobrirmos que tal condição pertence a contingências históricas, entendemos que é possível ensaiar novas formas de ver e fazer[6].

A complexidade desta reflexão está no fato de que sintetiza um longo e polêmico movimento histórico, em que as memórias registradas pela história da educação nem sempre nos esclarecem sobre o processo pelo qual certos projetos foram vitoriosos. Nem sequer tivemos registrada a memória de outras experiências em confronto. Homogeneizaram-se as interpretações retirando-lhes conflitos, resistências e contradições. Assim, fomos formados e nos profissionalizamos a partir de um discurso uniformizante e consensual, atuando numa estrutura na qual a lógica administrativa e racionalizadora, tomada como medida de eficiência, tem extrapolado nossas possibilidades de pensar e fazer. Quando nos deparamos com dúvidas, conflitos, dificuldades e diferenças em nosso cotidiano pedagógico, o mal-estar se instala como se isso fosse uma anomalia a ser debelada e/ou ignorada. Porém, é justamente em

---

5. É importante lembrar que várias outras instâncias, além do campo da educação, passaram, nas décadas de 1920 e 1930, por esse processo de racionalização técnica e administrativa: saúde, higiene, moradia, serviços públicos em geral e principalmente a organização do trabalho; enfim, o viver social estava sendo reorganizado por políticas de modernização/regulação social.

6. Para uma discussão mais profunda dessa questão, ver Larrosa, Jorge, "Tecnologias do Eu e Educação", in Silva, Tomas T. da (org.), *Sujeito da Educação (Estudos Foulcaultianos)*, Petrópolis: Vozes, 1994.

meio a esses impasses que, em princípio[7], reunimos o potencial e o desafio para criar. Como inventividade não rima com burocracia nem com racionalização técnica que apagam e invalidam a singularidade, talvez fosse preciso recusar algumas intervenções e/ou sugestões que venham a ser feitas formalmente e que não respondam aos projetos que estejam sendo criados[8].

Com essas reflexões, cujo objetivo foi pensar o trabalho do PCP, pretendi concentrar a análise no que considero essencial: a importância das experiências que estão sendo geradas a partir das diferenças culturais de cada escola/região, em meio a enfrentamentos, lutas, discussões e também a diálogos e solidariedade. Momento rico de construção de uma territorialidade que deve ser vista e trabalhada com muita perspicácia, uma vez que a retórica da autonomia, presente em muitos textos oficias ou não, surge junto a regulamentações burocráticas difíceis de ser separadas e que, por isso mesmo, podem dificultar e até desequilibrar projetos autênticos.

---

7. Uso o termo "em princípio" porque a situação de impasse tende a criar um potencial de criatividade que *pode* levar à busca do diálogo, da troca e até do confronto, dependendo das mais variadas injunções.
8. Ver Nóvoa, Antônio, op. cit.

23

4
O coordenador pedagógico ante o desafio de articular e mobilizar a equipe escolar para tecer o projeto pedagógico

Laurinda Ramalho de Almeida
Professora doutora da PUC de São Paulo

Proponho-me a refletir sobre uma experiência que vivenciei, como técnica da Secretaria de Estado da Educação de São Paulo e como pesquisadora. Trata-se do "Projeto reestruturação técnico-administrativa e pedagógica do ensino de 1º e 2º graus na rede estadual, no período noturno", que ficou conhecido como Projeto Noturno. O referido Projeto foi executado por 152 escolas, em 1984 e 1985, e eu o tomei como objeto de estudo em minha tese de doutorado. Sua principal característica foi o fato de as próprias escolas terem elaborado suas propostas de melhoria (o seu Projeto Noturno) a partir de sua problemática específica, solicitando dos órgãos centrais da Secretaria de Educação o que consideraram necessário para viabilizá-las. De modo concreto, as escolas foram atendidas em seu pedido de um professor para coordenar o Projeto Noturno (eleito por seus pares) e de 2 horas semanais remuneradas para reuniões. Apesar do curto período de tempo de sua execução, o Projeto Noturno foi a medida de maior impacto até

hoje tomada para a melhoria do ensino noturno, na rede estadual.
Em função dele, a maioria das escolas apresentou como pontos positivos: diminuição do índice de evasão; melhor relacionamento professor-aluno; mudança das técnicas de ensino, propiciando dinamização das aulas; concentração de esforços dos professores e melhor rendimento dos alunos (Gatti, 1985, Zibas; 1991).

Um ponto em comum apresentado pelas escolas estudadas foi o papel do coordenador como ponto de apoio, como alavanca para as mudanças que nelas ocorreram[1].

Aproveito trechos de depoimentos que me foram concedidos por diretores (D), coordenadores (C), professores (P) e alunos (A) para compartilhar com os leitores alguns pontos que me parecem merecedores de atenção neste momento.

"Apesar da experiência ter sido muito pequena, a gente teve condições de pôr em prática o que nunca conseguiu na escola pública. Foi uma coisa que surgiu aqui mesmo. Não veio de fora. Não foi imposta. Surgiu de um grupo de professores, e isso foi um fator importante. Foi criação nossa." (P1)

A fala dessa professora retrata como foi sentida pela escola uma proposta da Administração que não chegou como imposição, mas como convite à participação. Evidencia também que, ao ter autonomia para diagnosticar seus problemas e propor soluções, a escola assume suas dificuldades e tenta superá-las.

A escola pública é rica de experiências e os professores têm vontade de compartilhá-las com seus pares, desde que haja uma intenção comum e alguém que coordene.

"E partimos. Cada um foi trazendo suas colaborações, suas desilusões, suas esperanças e fomos construindo. (C4)

---

1. Para a elaboração de minha tese de doutorado, estudei seis escolas que conseguiram sucesso na execução do Projeto Noturno (duas da capital, duas da Grande São Paulo e duas do interior), tendo feito entrevistas individuais com seis diretores, seis coordenadores do Projeto e 26 professores, e entrevistas coletivas com cem alunos. (D1 se refere a diretor da Escola 1, C2 a coordenador da Escola 2 etc.). Neste artigo faço uma retomada do capítulo IV da tese.

Foi muito gratificante o Projeto, apesar de tudo. Em primeiro lugar, porque foi uma oportunidade de colocar em prática, na rede comum de ensino, uma experiência que eu havia tido anteriormente — a experiência no Vocacional nos anos de 1968, 1969 e 1970. Em segundo lugar, pelo próprio resultado que obtivemos aqui na escola... (C5) Foi esse curso que deu as pistas para montar o Projeto Noturno aqui. Como professor não tive coragem de aplicar talvez por ser ainda um professor novo e porque é difícil aplicar o que é usado numa escola particular, com muitos recursos, na escola estadual. Mas aqui achei que dava para adaptar, particularmente colocando uma pessoa coordenando..." (D6)

Quando existe um objetivo comum, definido e perseguido pelo grupo, os diretores percebem que compartilhar o poder é bom.

"Possibilidade de, através de reuniões, se discutir tudo e tomar todas as decisões em grupo, sem aquela do diretor tomar as decisões sozinho, fechado no gabinete. Todas as decisões eram de comum acordo, o que também tira das costas do diretor a responsabilidade por tudo o que acontece na escola. Todos eram igualmente responsáveis." (D4)

O construir juntos um Projeto despertou nos professores e nos alunos a responsabilidade, a vontade de acertar. E o respeito mútuo apareceu como decorrência.

"O Projeto Noturno desenvolveu um sentimento de responsabilidade tanto nos professores como nos alunos. Tinha de haver participação dos dois: professor e aluno. O aluno passou a participar mais de seu processo de aprendizagem. Discutiu-se muito com eles. Ouviam-se as sugestões dos alunos. Muitas vezes mudamos as coisas em função das sugestões. Essa participação foi muito importante. (P1)

E se tornaram mais respeitadores, porque eles tinham direitos, e também deveres. E nós respeitávamos os direitos deles. Eles aqui eram respeitados, porque eram ouvidos." (P6)

A participação na elaboração das propostas levou os alunos a se envolver ativamente na sua execução. Com garra e com prazer.

"Por exemplo, a gente vinha no fim de semana. Já se viu um aluno em escola no fim de semana? A coisa mais difícil é trazer um aluno pra escola no sábado e no domingo. Mas veio, depois do Projeto Noturno. Se fosse um professor que lançasse assim: "Vamos fazer um negócio sábado?" Acho que não participaria ninguém. Mas como é uma ideia que o aluno está propondo, um projeto pelo qual está batalhando, dá vontade de vir e até de trazer os amigos junto. Aconteceu isso aqui: alunos participando na escola até em feriado." (A6)

Foi grande a satisfação dos que trabalhavam antes isolados, por sua conta e risco, e passaram a fazer parte de um grupo, com um trabalho conjunto.

"Sim, foi muito gratificante. Primeiro, porque foi um trabalho conjunto, e eu só acredito em trabalho conjunto. E a grande frustração do magistério é que o meu trabalho pode ser bom, pode ser não bom, mas enfim, mesmo quando ele consegue ser bom, é sempre um trabalho individual. E eu não acredito em trabalho individual em educação. Então, você trabalha com uma classe, por exemplo, com uma dificuldade qualquer em Português, mas se os colegas não trabalham em conjunto, se ninguém discute a questão, a coisa vai acontecendo milimetricamente. Você perde o seu esforço. Então, por isso foi particularmente gratificante. Por isso e por outras coisas: eu vislumbrei a possibilidade, pela primeira vez, de trabalhar em grupo na escola pública. Eu já tinha essa experiência em escola particular, por duas vezes, mas na escola pública, não. Então foi particularmente gratificante por isso." (C2)

Embora construir um grupo não seja tarefa fácil, conseguida num passe de mágica, a coesão do grupo é algo que se consegue passo a passo.

"Tínhamos reuniões e nessas reuniões eram colocadas as posições de cada um. E, num grupo de pessoas, isso varia muito — temos os de extrema direita, os de centro e os de extrema esquerda —, os muito radicais e os conservadores, os de meio-termo e os muito progressistas. Então, as discussões eram acaloradas..."

Queríamos nos despojar de tudo e construir um grupo coeso, que tivesse a mesma linha de conduta. Isso gerou muito pico — vaivém, ... (D4) Tivemos conquistas em vários níveis. Primeiro foi a integração entre os próprios professores. Essa integração foi construída; levou dois anos para se conseguir." (C5)

...mas a coesão do grupo, apesar de lenta e difícil, pode ser alcançada.

"Olha, eu acho que houve grande união entre os professores. Tivemos um ou dois casos só de não envolvimento, sabe... que eu percebia quando entrava na classe, que o professor estava ausente. Mas acho que nos outros, houve uma grande força, uma grande união do pessoal da escola. Houve uma mudança de postura. Já era um pessoal muito bom, muito dedicado, sabe, ao aluno, com uma convivência muito boa com o aluno. Mas com o Projeto Noturno a união foi maior ainda. (C6)

Outra coisa que elevou muito a gente é que os professores ficaram muito unidos. Nas reuniões pedagógicas cada um contava suas experiências para desenvolver os objetivos propostos, criando um clima de união. Esse clima foi o ponto mais alto do Projeto — a união entre os professores. Teve também muita união entre professores e alunos." (P7)

O grupo coeso amparava e também cobrava.

"É difícil enumerar um ou outro problema. Mas sempre que os problemas iam surgindo nunca tomei uma atitude, uma resolução de minha cabeça. Fazia questão de reunir os professores e discutir. Sempre, mesmo coisa de última hora discutia com o conjunto de professores. E, sempre que foi necessário, a direção ajudou, às vezes a supervisão, sempre estiveram atentos. Mas no dia a dia era o corpo docente. (C1)

Acho que basicamente nós conseguimos a coesão do grupo. Acho que esse foi o ponto básico, a partir do qual você pode ir colocando algumas coisas. Nós conseguimos a coesão a duras penas. Pode parecer muito primário isso, mas só quem está no processo sabe o peso que isso tem. A gente se reunia para discutir todos os problemas, inclusive os pessoais, então, a gente se sentia unida, se sentia amparada pelo grupo. E, ao mesmo tempo, o grupo cobrava as atitudes das pessoas. Então, havia um crescimento. Os alunos percebiam essa coesão, tanto é que eles reclamam agora." (C2)

O trabalho coletivo levou a uma mudança de postura nos professores.

"Aqui ocorreu uma mudança radical na postura do professor. Muitos professores que tinham um método delineado passaram a trabalhar de maneira diferente. Isso porque houve mudança de mentalidade decorrente do trabalho em grupo, uma conscientização de que o aluno do noturno merecia uma coisa melhor. (P8)

Na minha conduta? Eu me considero uma pessoa um pouco abusada de autoritarismo, principalmente em relação ao aluno. E em nossas reuniões se discutia muito isso. A B., a gente cobrava muito dela, mas eu sinto muita falta dela este ano. Eu sou assim, mas melhorei um pouco. Quando eu sou professora, e estou discutindo com o diretor, quero democracia. Quando estou com o aluno, sou autoritária. Isso ficou claro para mim no processo que tivemos de reuniões, de discussões, de leituras. Comecei a me avaliar nesse sentido — eu pregava democracia, mas não era democrata. Acho que melhorei bastante. (P6)

Com os colegas? Aprendi a ouvi-los mais. E com isso fui tentando uma troca de experiências. Passei a aceitar mais a ideia de cada um. A gente tinha reuniões semanais, oportunidade de falar e ouvir. Todos os problemas que surgiram eram resolvidos em grupo." (PS)

Como decorrência da mudança de postura, melhorou o relacionamento professor-aluno.

"A melhoria do relacionamento não foi colocada como objetivo, foi decorrência. Pelo fato de o professor ter uma atitude de tolerância, de maior compreensão dos problemas, de se dispor a ajudar o aluno e seus problemas, isso aproximou muito professores e alunos. (D4)

Eu acho que a melhoria do relacionamento professor-aluno foi ocorrendo no decorrer do Projeto. O aluno começou a perceber que o professor estava preocupado com ele, que preparava melhor a aula, que deixava alguma coisa pronta quando faltava. O aluno passou a ser objeto de atenção como nunca tinha sido." (P1)

A mudança de postura não foi obra do acaso, mas foi objetivo do Projeto. E implicou uma nova maneira de ver o aluno.

"O nosso projeto estava calcado em uma mudança de postura. Ela não ocorreu por acaso, estava prevista. Tudo o que se fez foi para que ela ocorresse. Ocorreu em função da própria proposta; passamos a fazer reuniões pedagógicas em que eram propostas mudanças de técnicas. (C1)

A gente passou a encarar o aluno como pessoa, não só como um número a quem a gente tinha que dar uma média, mas como uma pessoa e que deveríamos chegar a ele para ele se integrar na escola, para depois aprender. Integrar quer dizer... vir por gostar, para aprender, para melhorar o nível, não para fazer bagunça ou matar o tempo.

Conseguimos isso devido aos nossos objetivos, que nós propusemos e que seguimos. A gente se esfolou, mas conseguimos. Era diferente do que fazíamos antes." (P7)

A mudança de postura gerou sentimentos de insegurança e não impediu, algumas vezes, a ocorrência de atritos.

"O início foi muito difícil porque o Projeto exigia uma mudança de postura da parte do professor, e toda mudança gera insegurança, medo e as pessoas acabam ficando agressivas também. Quando começaram os resultados positivos, então, essa situação melhorou, a partir de agosto do primeiro ano, mas ainda assim teve outros momentos de queda. Sempre que as coisas não saem bem de acordo com o que as pessoas planejam, dá um desânimo. Começou o segundo ano num bom pique. (C5)

Melhorou o relacionamento professor-professor, o relacionamento professor-aluno, o relacionamento professor-direção. Mas também houve muita briga, até briga com a coordenadora. Foi uma época em que o projeto estava caindo; então, a coordenadora resolveu pegar no pé, mas com uma técnica que a gente não achou a melhor. Então, a gente ficou nervosa. Foi uma discussão e tanto até a gente se entender — mas deu para se entender, porque a nossa turma tem uma qualidade: de reconhecer o erro. Quando a gente erra, a gente reconhece." (P7)

Os professores queriam que os alunos mudassem e perceberam que, para isso, teriam eles próprios de mudar.

"Por exemplo, o Projeto tinha um hino — "Sonhar um sonho impossível". Estávamos discutindo em uma reunião o acreditar no aluno. Um professor lembrou a peça Dom Quixote: tratar a prostituta como uma dama, e ela se transformar em dama, no final. O princípio seria esse: tratar o aluno como uma pessoa, como alguém que tem condições de corresponder ao que se espera dele. Tratá-lo com respeito, para provocar uma mudança. Daí surgiu a letra como hino do Projeto. Se o professor é agressivo, o aluno também fica, ou vice-versa. É um círculo vicioso.

Era preciso quebrar o círculo. Foi essa a proposta dos professores. Discutimos a letra em função do trabalho do professor. Assim: Sonhar um sonho impossível = melhorar a educação; lutar quando é fácil ceder = os recursos que prometeram não chegaram, seria fácil justificar que não chegaram e não fazer nada; vencer o inimigo invencível = vencer a própria inércia, o medo da mudança, porque o Projeto exigia uma mudança muito grande da parte do professor; vencer a si próprio, a própria acomodação. A música foi gravada, com todos os professores cantando. Serviu como elemento de aproximação entre as pessoas." (C5)

A mudança dos professores foi percebida e valorizada pelos alunos.

"Melhorou bastante, porque no início era assim, aquela coisa de professor lá na frente e aluno sentado, sem dar opinião. Depois, quando começou o Projeto, os alunos começaram a dar opinião, os professores começaram a aproveitar, e a gente começou a se abrir mais. (A2)

No Projeto, pelo menos a gente tinha o direito de falar alguma coisa, de expor o que sentia, o que era preciso ou necessário. Tínhamos o direito de tomar algumas decisões, o que era muito importante. O aluno, ele sabe respeitar o professor, desde que o professor saiba também respeitá-lo. (A3)

Muitas vezes, quando eu faltava à aula, ou quando o professor faltava, eu sentia falta daquela aula e daquele professor... isso nunca tinha ocorrido comigo antes; antes eu tinha ódio dos professores, não podia nem ver. Agora, aqui não. Eu tinha saudade naquela época. Teve professor a quem eu me apeguei mesmo. Agora..." (A4)

Como era importante o sucesso, havia uma avaliação constante de tudo.

"A cada semestre se fazia uma avaliação e percebíamos que os alunos prestigiavam a escola, entenderam a proposta — nesse momento todos ficavam lá em cima. A participação dos alunos, a discussão dos problemas da escola, tudo se colocava para o aluno: questões de disciplina, de aproveitamento. Cada bimestre, quando fazia a estatística e percebia que o índice de evasão tinha ficado contido e o índice de reprovação diminuído, era muito gratificante para todos nós. (D4)

Foi significativo porque estava formando nos professores e até nos alunos uma mentalidade de discutir, resolver, documentar e avaliar. Nós registrávamos, e o resultado não estava satisfatório. Vamos, então, rever e a avaliação, que diria até sistemática, era uma retomada, a escolha de outra alternativa. "Está certo? Está dando certo? Se não, vamos mudar." Foi significativo porque foi um momento que nos permitiu viver a avaliação intensamente, não só a avaliação do aluno, mas a nossa. Foi significativo por tudo isso, e pelo resultado. (D1)

Foi o seguinte: como o Projeto estava sendo formulado pelos professores e não estava muito certo se ia ser aquilo mesmo, então os professores convocavam os alunos e colocavam os fatos positivos e negativos para os alunos e pediam sugestões, o que eles achavam melhor ou não. Daí houve maior contato entre professores e alunos, o que favoreceu bastante a gente." (A1)

Muitas outras falas poderiam ser destacadas dos depoimentos, dada sua riqueza. Outros pontos poderiam ser discutidos, com certeza. Mas, para não alongar demais o artigo, apenas mais um... desabafo.

"Você sabe que há possibilidade de fazer algo. É só deixar que o pessoal sente, elabore e faça. Porque você... fica sempre muito presa. É o problema da autonomia da escola. Deixar que a escola pense e daí — o que é fundamental e não aconteceu com o Projeto Noturno — dar apoio em todos os momentos: apoio de infraestrutura, sabe, e nos aspectos pedagógicos. Não sei quais os órgãos que deveriam dar esse apoio, mas deveriam. A escola deveria ter chance de tentar experiências novas. Deixem a escola pensar. Dêem autonomia, mas dêem apoio também." (C1)

A fala desta coordenadora evidencia que a escola deseja, sim, ter autonomia para diagnosticar seus problemas e propor soluções. Mas deseja também que essa autonomia tenha o respaldo das instâncias superiores para que as intenções possam ser concretizadas. Sem a sustentação necessária, apesar de toda a euforia provocada pela autonomia, o professor vacila.

Em busca de uma síntese

Os professores que participaram do Projeto Noturno, embora alguns não estivessem plenamente conscientes, estavam participando de um projeto coletivo, e foi em razão dele que mudaram sua forma de trabalhar, seu jeito de se relacionar com seus pares e seus alunos.

É porque havia um projeto pedagógico, que foi sendo definido e redefinido coletivamente, com fins a alcançar e com estratégias a serviço desses fins, que os professores mudaram sua forma de trabalhar, tentando superar a fragmentação de suas práticas e tomando o aluno como centro.

Ficou evidente nas falas selecionadas que, embora as escolas tenham valorizado a relação professor-aluno em suas propostas, os professores tiveram primeiro de construir o relacionamento entre si, ou seja, tiveram de constituir um grupo. A relação interpessoal foi modificada porque passou a ser um dos recursos facilitadores para que os objetivos do Projeto fossem alcançados.

O que houve, de fato, foi uma mudança profunda na política dos relacionamentos interpessoais, houve, no âmbito da escola, uma modificação no "processo de obter, compartilhar ou abandonar poder, controle, tomada de decisões" (Rogers, 1978). Professores e especialistas deixaram de fazer escolhas, cada um por si, e passaram a buscar no grupo apoio para suas decisões e práticas. E, sem que houvesse desrespeito às posições individuais, enquanto grupo passaram a ter uma forma própria de enxergar os problemas e buscar as soluções.

O grupo se fortaleceu, porque encontrou condições que lhe permitiram caminhar em direção à maior harmonia interna e a uma forma mais efetiva de lidar com o ambiente: oportunidade de participar, liberdade de comunicação e um clima psicológico livre de ameaças (Gordon, 1966).

Ao que tudo indica, os coordenadores do Projeto Noturno conseguiram atuar "no processo de articulação e mobilização da equipe escolar na construção do projeto pedagógico da unidade escolar" (Res. SE 76/1997), com competência e determinação. Daí considerarmos que sua experiência, embora ocorrida em outro momento histórico, pode ser ponto de reflexão para aqueles que hoje se empenham nesta difícil, porém necessária, tarefa.

Acredito que os coordenadores do Projeto Noturno atuaram em função de um pressuposto, que também foi aceito pela equipe escolar, e que é descrito com muita felicidade pelo poeta:

Um galo sozinho não tece uma manhã;
ele precisará sempre de outros galos.
De um que apanhe esse grito que ele
e o lance a outro; de um outro galo
que apanhe o grito que um galo antes
e o lance a outro; e de outros galos
que com muitos outros galos se cruzem
os fios de sol de seus gritos de galo,

para que a manhã, desde uma teia tênue,
se vá tecendo, entre todos os galos.

(João Cabral de Melo Neto)

Referências bibliográficas

ALMEIDA, Laurinda R. *O Projeto Noturno:* incursões no vivido por educadores e alunos de escolas públicas paulistas que tentaram um jeito novo de caminhar. Tese de Doutorado, PUC/SP, 1992.

GATTI, Bernardete & LAPEIZ, Sandra. *A implantação do projeto de reestruturação técnico-administrativa e pedagógica do ensino de 1° e 2° graus no período noturno:* avaliação do primeiro ano. São Paulo: Fundação Carlos Chagas, 1985, mimeo.

GORDON, Thomas. Liderazgo y dirección centrados en el grupo. In: ROGERS, Carl. *Psicoterapia centrada en el cliente.* Buenos Aires: Paidos, 1966.

ROGERS, Carl. *Sobre o poder Pessoal.* São Paulo: Martins Fontes, 1978.

SECRETARIA DE ESTADO DA EDUCAÇÃO DE SÃO PAULO. Resolução SE n. 76, de 13/06/1997.

ZIBAS, Dagmar L. Ensino noturno de 2° grau: a voz do corpo docente. *Cadernos de Pesquisa.* São Paulo, n. 78, ago. 1991.

5
Teoria e prática: o enriquecimento da própria experiência

Luiza Helena da Silva Christov
Professora pesquisadora da UNESP
Doutora pela PUC de São Paulo

Uma reflexão importante em qualquer processo de *educação continuada* diz respeito à relação entre teoria e prática, uma vez que uma das características da educação em serviço é possibilitar o contato com experiências e reflexões que possam ser úteis à compreensão e à solução dos problemas presentes nas práticas profissionais, no caso tratado neste artigo, na prática dos professores junto aos seus alunos.

Muitas são as queixas que cercam a relação entre teoria e prática.
Destacamos algumas:

1. *Por parte de professores:*

— "Não queremos tanta teoria... precisamos é de prática..."
— "Chega de blá-blá-blá... o que precisamos é de menos filosofia e mais ação..."
— "Estamos cansados de tanta teorização... queremos um pouco mais de prática..."

— "Não consigo entender estes autores... Emília Ferreiro nada tem a ver com minha prática..."
— "Compreendo a teoria, mas, na hora de fazer, não consigo..."

2. *Por parte de capacitadores/coordenadores:*

— "Os professores não gostam de ler"
— "Os professores querem respostas prontas para seus problemas de sala de aula, não querem ficar estudando..."
— "Os professores não compreendem as teorias sobre ensino, ou sobre alfabetização, ou não entendem de psicologia."
— "Os professores compreendem a teoria, mas não sabem aplicá-la na prática..."

Essas queixas revelam, no mínimo, que se torna importante uma conversa tranquila sobre o que entendemos por prática e por teoria.

As respostas às queixas acima podem ser agrupadas, no meu entender, em comentários que passo a desenvolver a partir de duas afirmações elaboradas no contato com diferentes grupos de professores e coordenadores pedagógicos nos últimos dez anos. São elas:

"teoria e prática são diferentes, mas andam juntas: às vezes de forma despercebida, às vezes de forma refletida".

Importante é sabermos que teoria e prática sempre andam juntas, mesmo que não tenhamos muita clareza sobre as teorias que estão influenciando nossa prática. Toda ação humana é marcada por uma intenção, consciente ou inconsciente. Sempre poderemos encontrar aspectos teóricos em nossas ações, ou seja, aspectos de vontade, de desejo, de imaginação e finalidades. Sempre poderemos analisar nossas ações perguntando-nos pelas intenções que as cercam. Para que haja, porém, uma relação refletida, consciente, entre teoria e prática, precisamos de um esforço intelectual, um esforço do pensamento e da reflexão, para planejarmos as etapas previstas nas teorias ou na teoria que desejamos assumir e para avaliarmos se as práticas por nós implementadas estão adequadas às nossas intenções teóricas. Assim, deixa de ter sentido a expressão "quero mais prática e menos teoria", já que toda prática possui aspectos teóricos e toda teoria é referenciada em alguma prática. Talvez o que esteja por trás dessa queixa é a dificuldade de identificar as intenções e os problemas de determinada ação ou as possíveis relações entre as reflexões de certos autores e a nossa experiência. Trata-se de adotarmos um caminho, um método adequado para superarmos essas dificuldades e não de negarmos a teoria.

A relação refletida entre teoria e prática, portanto, é alguma coisa que resulta de um trabalho, de um esforço, de um método.

A segunda afirmação que desejo comentar neste artigo, é a seguinte:

"entre a teoria de um autor, que queremos assumir, e a prática, que pretendemos transformar com esta teoria, existe a nossa teoria".

Com o esforço intelectual e o método necessários à explicitação das teorias presentes em certa prática, na verdade, estaremos tentando construir uma teoria nossa para favorecer o diálogo entre nossa experiência e os autores. Construímos nossa teoria ao aprendermos a ler nossa experiência propriamente dita e experiências em geral. Construímos nossa teoria quando fazemos perguntas às experiências, aos autores; quando não nos satisfazemos com as primeiras respostas e com as aparências e começamos a nos perguntar sobre as relações, os motivos, as consequências, as dúvidas, os problemas de cada ação ou de cada contribuição teórica. A construção de nossa teoria exige que coloquemos perguntas à nossa prática. Quanto maior for nossa habilidade para ler nossa experiência, maior será nossa habilidade para compreender autores. Assim, conhecimento e experiência auxiliam nossa compreensão sobre nossa própria prática.

Essas duas afirmações parecem muito simples e muito fáceis de ser colocadas em prática. Na verdade não o são. Do contrário não teríamos as queixas tão frequentes sobre o tema.

O fato é que não vivemos em um ambiente educacional no Brasil que nos prepare para construirmos boas relações com teorias, nossas ou alheias.

Longos períodos ditatoriais — 15 anos de Vargas e 21 de governos militares — seriam suficientes para justificar políticas educacionais e culturais silenciadoras e bloqueadoras de um aprendizado adequado à elaboração de teorias particulares ou coletivas sobre a realidade. Afinal, quem tem teoria tem crítica, tem conhecimento. Ditadura nenhuma admite isso.

Porém, as ditaduras não respondem sozinhas por nossas dificuldades relativas à construção da relação entre teoria e prática. Nosso ambiente escolar, cultural, mesmo em espaços e momentos democráticos padece de um problema a ser solucionado. Trata-se da imposição sub-reptícia de algumas teorias, de alguns autores. Trata-se da valorização de uma postura que impõe tradições, pensamentos, teorias, modelos, autores e impede a construção pessoal de cada aluno. Este deve incorporar e repetir teorias, sem ousar elaborar suas questões e suas afirmações.

Assim, o desenvolvimento da habilidade de ler a própria experiência, a experiência alheia, o mundo e os autores não é privilegiado no Brasil. Leitores do mundo, como bem caracteriza Paulo Freire, não aprendemos a ser. Quando lemos o mundo é por acaso, por sorte, por situações casuísticas. Nunca por uma ação da escola que esteja aliada a uma teoria criadora de leitores e autores.

Quando insistimos para que os processos de formação de professores, em serviço ou nos cursos de magistério e licenciatura, apresentem as condições mínimas para que se relacione teoria e prática, estamos sugerindo o sentido da construção do leitor/autor da própria experiência. Experiência que se percebe a si mesma como teórica porque refletida, avaliada, recriada.

6
Outro jeito de dar aulas: Orientação de Estudos

Vera Maria Nigro de Souza Placco
Professora doutora da PUC de São Paulo
Maristela Lobão de Moraes Sarmento
Doutora em educação pela PUC de São Paulo

Origem da questão

O tema Orientação de Estudos tem sido pouco discutido e pouco pensado, nas últimas décadas, em decorrência dos questionamentos políticos e teóricos que a Educação e a Orientação Educacional têm vivido. Trabalhando desde 1970 como orientadora educacional e pedagógica, tive oportunidade de utilizar o conceito e as técnicas a ele vinculadas, experienciando e experimentando formas diversificadas de compreendê-los e aplicá-los.

Historicamente, Orientação de Estudos tem sido entendida como o processo pelo qual os alunos desenvolvem bons hábitos e atitudes em relação aos estudos. Além disso, é compreendida como o desenvolvimento de habilidades intelectuais ou operatórias. Tem sido responsabilidade do orientador educacional desenvolvê-la em ação direta com o aluno ou com grupos de alunos. Vivendo esses conceitos, aplicando-os, pude observar os frágeis resultados que, como orientadores, podíamos obter. As técnicas propostas não proporcionavam oportunidades aos alunos de, compreendendo-lhes o sentido, utilizarem-nas adequadamente e, em as utilizando, transformarem significativamente suas ações, sua compreensão, suas habilidades, suas atitudes. Mesmo para aqueles alunos, aos quais se aplicavam as técnicas, os resultados eram pouco significativos. Onde localizar a dificuldade e a pouca efetividade? No trabalho do orientador? No aluno, mais ou menos envolvido com o estudo e com a orientação dada? Na própria concepção do trabalho de Orientação de Estudos?

Em minhas experiências, ao longo de 20 anos, os questionamentos e os resultados apontavam para a busca de parceria com professores, primeiro pela utilização de seus materiais didáticos, como "recursos" para a aplicação de técnicas de Orientação de Estudos, como resumos, esquemas ou roteiros de pesquisa. Depois, pela orientação ao professor quanto ao seu plano de trabalho, de aulas, de modo que ele incorporasse, ao seu cotidiano, diretrizes e conceitos próprios à construção de conceitos pelo aluno, ao desenvolvimento de suas habilidades, ao questionamento de suas atitudes diante do estudo, à aprendizagem. Esse trabalho com professores, partilhado e enriquecido pelo debate com alunos dos cursos de Pedagogia, indica saídas possíveis para uma área em impasse, como a Orientação de Estudos.

Em razão do que poderíamos chamar "fracasso" do trabalho e também dos questionamentos políticos e teóricos já mencionados, cada vez menos, nos últimos anos, os orientadores educacionais, nas escolas, têm se preocupado com esta atividade. Considerada ultrapassada ou desnecessária, por se tratar de ação direta do orientador educacional, não foi discutida ou reformulada. Mas os próprios questionamentos educacionais atuais tornam necessário um reposicionamento dessa área. Hoje, ao propor a Orientação Educacional sob uma perspectiva curricular mais ampla, ao entender a ação do orientador como a de um educador responsável e comprometido com todos os processos pedagógicos e educacionais que são desencadeados na escola, a Orientação de Estudos precisa ser repensada, sob novas bases, com um novo olhar.

Assim, Orientação de Estudos não pode/deve ser proposta como uma ação exclusiva do orientador junto aos alunos. Na realidade, há necessidade de que seja proposta, prioritariamente, pelas ações do professor, que ocorrem no cotidiano em sala de aula, com seus alunos. Nesse sentido, Orientação de Estudos é entendida como a organização do ambiente de aprendizagem de tal modo que a própria ação pedagógica do professor *se constitua em, subsuma, inclua diretrizes e orientações* que possibilitem ao aluno a compreensão dos conteúdos desenvolvidos pelo professor, o desenvolvimento de habilidades operatórias, hábitos e atitudes em relação ao estudo e ao conhecimento, assim como lhe possibilitem entrar em contato com seus processos cognitivos e de aprendizagem, compreendendo seu "aprender a aprender" sob uma perspectiva responsável, crítica e autônoma/cooperativa.

Com isso, o aluno estará, ao mesmo tempo, instrumentalizando-se para produção da ciência e para se tornar um consumidor crítico do conhecimento científico, como bem o diz Lucíola Santos (1994).

Para tanto, é essencial que o professor seja capaz de organizar suas aulas tendo em vista estes objetivos de Orientação de Estudos, seja capaz de integrá-la e identificá-la como parte de seu papel de formador. Sua aula não poderá, neste sentido, visar transmitir conteúdos, ensinar a resolver problemas ou treinar o aluno a responder questões já estabelecidas como verdadeiras ou aceitáveis, do ponto de vista científico. Suas ações devem possibilitar ao aluno entrar em contato com o conhecimento e, compreendendo-o em suas bases atuais, questioná-lo e levantar hipóteses alternativas sobre ele, para que avance; devem possibilitar ao aluno diretrizes para a pesquisa, para a busca de questões pertinentes sobre a área e de respostas possíveis a essas questões; devem possibilitar ao aluno organizar-se e organizar seu pensamento e suas ideias sobre o conhecimento, sobre as relações deste com a sociedade e com a vida do próprio aluno; devem ainda possibilitar formar no aluno uma atitude investigativa e crítica em relação ao conhecimento e às suas relações com os outros e consigo mesmo.

A formação dos professores não tem contemplado essas funções e esses objetivos, razão pela qual há um papel essencial do orientador educacional/coordenador pedagógico/educador na escola, para auxiliar os professores no desenvolvimento dessas habilidades e tarefas. O profissional da educação que trabalhe sob a perspectiva do currículo, que compreenda sua tarefa educacional para além de uma intervenção diretiva, controladora ou punitiva sobre alunos e professores, terá possibilidade de mediar, de maneira significativa, as interações cognitivas (e também sociais e afetivas) que permeiam o trinômio essencial do processo educacional: aluno/professor/conhecimento.

Um caminho possível

Pensar a ressignificação/reconceitualização da Orientação de Estudos implica pensar caminhos. Assim, como projeto de pesquisa ligado ao mestrado em Educação, pensamos em realizar uma pesquisa com professores da rede pública de ensino, com o intuito de identificar as possíveis ações que já ocorram em sala de aula e que, não sendo olhadas cuidadosamente, não são repensadas, refletidas, reestruturadas, não entram no movimento ação/reflexão/ação, não se tornando, assim, instrumentais para a transformação da prática pedagógica do professor.

Sabemos, por meio de estudos e pesquisas, que a grande maioria de nossos professores tende, ainda hoje, para o paradigma do ensino tradicional. Uma pesquisa, desenvolvida por Larry Cuban, nos EUA, com enfoque no ensino na década de 1920 até a década de 1980, indica que as medidas educacionais, as novas práticas pedagógicas quase nunca conseguiram adentrar as salas de aula. O ensino, ao longo dos anos, continua centrado nos professores; é privilegiado o estilo tradicional de educação, com ensino verbalístico, para a classe inteira, com dependência do livro-texto, fileiras de carteiras fixas, diálogo com a classe conduzido pelo formato pergunta/resposta. Esse é o modelo ainda hoje dominante na prática dos educadores, "temperado", poderíamos acrescentar, por alguns "modernismos", como trabalhos em grupo ou pesquisas em casa, sem, frequentemente, nenhum tipo de orientação para seu encaminhamento.

No entanto, existem profissionais que têm, embutida em sua prática, alguns elementos que norteiam o caminho de outra concepção de ensino/aprendizagem, o que nos permite a esperança de "uma luz no fim do túnel".

É na busca de identificar esses elementos, analisá-los, compreendê-los e utilizá-los que embasamos nosso trabalho, o qual foi iniciado com uma pesquisa bibliográfica sobre o tema, com o objetivo de percorrer a trajetória histórica da Orientação de Estudos.

Um estudo aprofundado sobre a pedagogia da Companhia de Jesus, com enfoque na *Ratio Studiorum*, permitiu constatar que vários aspectos, considerados por nós relevantes no processo de Orientação de Estudos integrada ao currículo, eram indicados nesta proposta pedagógica. Ocorre, porém, que as concepções e os objetivos que a norteavam diferem do que consideramos como fundamento na relação ensino/aprendizagem, o que nos induziu à necessidade de olhá-los sob outra lente de entendimento e significação.

Percorrendo as propostas educacionais que surgem em contraposição ao ensino tradicional, observamos que, na escola nova, a Orientação de Estudos muda de enfoque, deixando de ser desenvolvida em sala de aula pelos professores, passando a ser responsabilidade do orientador educacional (quando esta função existe na escola). Influenciada pelo movimento "*how-to-study*", iniciado nos EUA na década de 1930, a Orientação de Estudos muda de perspectiva; passa a ser vista como um receituário, indicativo de passos e "dicas", que visam dar suporte aos alunos no ato solitário de estudar. E este mesmo movimento induz o surgimento do primeiro manual publicado sobre o tema, o *SQ3R* — de Francis Robinson, o qual, juntamente com a influência do modelo da *Ratio Studiorum*, impõe uma forma às demais publicações realizadas.

Ao analisarmos os livros editados no Brasil sobre Orientação de Estudos, percebemos que o ápice dessas publicações se deu nas décadas de 1960/1970, mediado pelo Acordo MEC-USAID e pelas metodologias de ensino, que ganharam força nesse período. Portanto, foram as novas metodologias de ensino, ensino a distância e a nova estrutura editorial — COLTED — que abriram caminho para o elevado número de materiais sobre o tema.

Estas pesquisas iniciais nos confirmaram o dado de que a Orientação de Estudos não se tem efetivado como prática de sala de aula de nossos professores e nos deram referências para embasar nossa pesquisa de campo. Para executar essa pesquisa, fomos à escola — uma escola municipal, no interior de São Paulo — em busca dos considerados "melhores" professores, isto é, aqueles que, em nosso entender, estivessem realizando uma prática cotidiana na qual se incluíssem aspectos de Orientação de Estudos para os alunos.

A princípio, a intenção era fazer uma enquete com os alunos e o corpo docente da escola, questionando qual era o bom professor e por quê. Impedimentos burocrático-administrativos redirecionaram esse procedimento. Conversas informais com a direção e alguns professores da escola, no entanto, nos deram um panorama dos profissionais considerados os melhores para os profissionais consultados, do ponto de vista didático-pedagógico. Restava saber se também o seriam, da perspectiva de nosso interesse de pesquisa.

Foram selecionados, a princípio, seis professores do Segundo Grau e Habilitação para o Magistério, de diferentes áreas do conhecimento — Inglês, Matemática, Física, Geografia, Didática e Psicologia da Educação. As professoras do Magistério, por questões de incompatibilidade de horários da pesquisadora, não puderam ser acompanhadas.

A etnografia de sala de aula foi escolhida, como linha de pesquisa, por entendermos que esta metodologia poderia garantir a singularidade de cada realidade das salas de aula. É somente no contato dia a dia, aula a aula, com os educadores, que se podem identificar os detalhes, pequenas nuanças, fragmentos de fala, gestos, movimentos da prática que, se repensados, reestruturados, se constituirão numa concepção de ensino/aprendizagem que leve em conta a Orientação de Estudos como parte importante/ imprescindível do trabalho dos educadores.

No entanto, para atingirmos nosso objetivo, que não era somente constatar uma realidade, mas repensá-la à luz de outra concepção de Educação, paralela e conjuntamente às nossas observações em sala de aula, fizemos intervenções junto aos professores, reapresentando-lhes suas ações cotidianas, questionando-os sobre o significado delas, provocando um repensar sobre sua prática, sobre seus objetivos, estimulando uma perspectiva crítico-reflexiva, que lhes possibilitasse dar outro sentido à sua ação, à sua história de vida e de professor, ao seu compromisso com o aluno e com a Educação.

E foi com satisfação que constatamos haver espaços e possibilidades, envolvimentos e compromissos, ao lado, também, de situações semelhantes às descritas como estereótipos da área de Educação.

Assim, o desenvolvimento de nosso trabalho de campo constituiu-se, no primeiro momento, na observação cursiva das aulas dos profissionais indicados, para que se pudesse delimitar quais apresentavam condições didático-metodológicas e relacionais (e quais eram elas!) que fossem ao encontro de nosso objetivo. Dessa primeira fase, extraímos alguns elementos que nos pareceram significativos, seja por terem sido bem trabalhados com os alunos, seja por se apresentarem como entraves à prática docente. Com esses dados em mãos, foi feito um primeiro encontro com os professores, individualmente, uma rápida entrevista ou "bate-papo" compromissado, no qual os pontos observados não eram postos como foco da questão, mas questionava-se a ação do docente, buscando esclarecer sua intencionalidade, sua definição teórica e metodológica em relação a sua aula e seus alunos, buscando, enfim, provocar uma reflexão sobre sua prática docente.

Após essa primeira intervenção, voltamos à sala de aula, agora com mais um objetivo, qual seja, constatarmos a possibilidade de movimentos ou mudanças da prática, ligados ao que havia sido discutido.

Para ilustrar um desses momentos, poderíamos recorrer à experiência da pesquisadora com o professor de Geografia. Para ele, o tempo se configurava como seu maior adversário: "não há tempo para..." O tempo impedia, entre outras coisas, que este professor explorasse o universo de conhecimentos dos alunos. Se fazia perguntas à classe, ele mesmo as respondia. Não havia tempo de esperar que os alunos tentassem responder. Após a entrevista, em que o tema tempo não foi diretamente discutido mas a questão do conhecimento e da construção do pensamento do aluno foram abordadas, o professor mudou o ritmo e o encaminhamento de sua aula. Questionou os alunos e, ainda que um pouco ansioso, no início, esperou por respostas e foi por meio delas que deu continuidade à sua aula. Explorou "ganchos" dos alunos, complementou com novas informações, respondeu a questões centrais que havia eleito como eixo norteador de seu trabalho naquele tópico, refez perguntas, esclareceu respostas. Indicou o caminho percorrido por ele para chegar a determinada conclusão, estimulou os alunos a tentar fazer o mesmo caminho.

Esse exemplo informa o eixo que perseguimos com nosso trabalho e serve como indicador de uma Orientação de Estudos integrada ao currículo. A partir do momento em que esse professor olhou para seus alunos, obteve deles elementos para dar continuidade ao seu trabalho, incentivou o caminho da descoberta do processo de construção do conhecimento, orientou os estudos, ressignificou algumas questões do universo dos alunos, estimulou o interesse pelo conteúdo, usou de curiosidades, de relações, resgatou os caminhos percorridos, ressaltou as habilidades cognitivas utilizadas e, especialmente, esqueceu o tempo. Este deixou de ser o primeiro adversário; foi secundarizado em favor do conhecimento e das considerações sobre sua construção.

O ir e vir da pesquisa, olhar, refletir junto, olhar novamente, tornar a pensar sobre o cotidiano do professor nos possibilitam constatar as mudanças que ocorrem no processo de formação/ reflexão do professor, na expansão dessa formação e no papel que, enquanto formadores de professores, exercemos.

Naturalmente, estamos cientes de que essas mudanças podem não se concretizar de modo imediato ou mesmo se manter, como prática continuada do professor. Mas acreditamos que são lançadas sementes que, somadas a outras intervenções/experiências, poderão ser assimiladas e se construir e constituir práticas diferenciadas ou um jeito novo de dar aula.

Para onde vamos?

Os questionamentos, as dúvidas, as necessidades teóricas e pessoais de descobrir, de encontrar respostas, ainda que provisórias, de contribuir para o pensamento pedagógico em torno de questões que, no cotidiano, interferem, preocupam e perturbam o desempenho do professor, encontraram eco em nossas ações de educadoras e nos permitiram, na parceria de orientadora/orientanda, na releitura de nossas experiências de coordenadoras pedagógicas e orientadoras educacionais, traçar algumas rotas por onde consideramos poder se encaminhar a Orientação de Estudos.

Constatar que existem professores, mesmo na tão castigada rede pública de ensino, que se envolvem, que se comprometem com o aluno, com a Educação, que são apaixonados pela sua área de conhecimento, que a dominam e a têm como parte importante de sua estrutura cognitiva e traduzem-na (por vezes) ou reconstroem-na (algumas vezes), com seus alunos, de modo significativo, é extremamente gratificante. E mais gratificante ainda quando identificamos, nas ações que empreendem (mesmo que não se deem conta), movimentos na direção de uma orientação aos alunos, que os tornem senhores de seu processo de aprendizagem, responsáveis críticos por descobertas e redescobertas no campo do conhecimento.

O "outro jeito de dar aulas", de nosso título, não é nem deveria ser um jeito novo: é aquele jeito que traduz o compromisso do educador, que sintetiza sua paixão e sua intencionalidade, que envolve aluno e professor no mesmo movimento em direção à descoberta do conhecimento, à releitura do mundo, à reorganização e à reestruturação contínua de suas personalidades e do próprio conhecimento.

Os achados dessa investigação dão novo e renovado impulso às nossas reflexões sobre Orientação de Estudos e à nossa tarefa de formar professores; dentre outras conclusões, nos informam que formar professores significa provocar seu universo cognitivo, afetivo, social, para que eles se desestabilizem e se mobilizem a novas atitudes, a novas práticas.

E, principalmente, nos dizem de algo tão óbvio e conhecido e que, por ser tão próximo, nem sempre é valorizado: é extraindo das próprias ações do professor questões provocativas de um pensar crítico, é iluminando o olhar do professor com o olhar do outro sobre sua experiência, é ajudando o professor a relacionar conhecimentos elaborados com aqueles de sua própria experiência e reflexão sobre a prática, que ele (e nós, por consequência) conseguirá provocar mudanças na sua prática docente, recriando outro jeito de dar aulas, um jeito novo, em que professor e aluno aprendem a estudar e a aprender.

Referências bibliográficas

SANTOS, Lucíola L. de C. P. O Processo de produção do conhecimento escolar e a didática. In MOREIRA, A. F. B. (org.) *Conhecimento Educacional e Formação do Professor*. Campinas: Papirus, 1994.

CUBAN, Larry. Como os professores ensinavam: 1890 a 1980. In *Teoria e Educação*. Porto Alegre: UFRGS, Dossiê: História da Educação, vol. 6, 1992.

7
Sobre o diagnóstico[1]

Fábio Camargo Bandeira Villela
Professor pesquisador da UNESP
Doutor pela PUC de São Paulo
Ana Archangelo Guimarães
Professora pesquisadora da UNICAMP
Doutora pela UNICAMP

Introdução

A atuação do professor coordenador deve se pautar pelo planejamento prévio das atividades pedagógicas a serem executadas na escola ou na orientação e no acompanhamento das atividades que já estejam em curso, sejam aquelas de responsabilidade direta dos professores (as aulas, por exemplo), as de sua responsabilidade, e as de responsabilidade da equipe técnica. Tanto para o planejamento como para o acompanhamento das atividades em curso, o diagnóstico preciso de situações delimitadas é imprescindível para a tomada de decisão adequada, ou até para o conhecimento de certos problemas ou possibilidades não suspeitados anteriormente.

---

1. Este texto pretende retomar pontos tratados no curso e eventualmente servir de *referência direta* para o trabalho de diagnóstico. Não há, aqui, a intenção de uma apresentação sistemática e problematizadora sobre as principais linhas filosóficas que informam sobre o real e a forma de conhecê-lo.

Ainda que o diagnóstico, formal ou não, deva ser feito sobre os mais variados aspectos da realidade escolar, alguns pontos devem ser constantemente objeto de reflexão por parte do professor coordenador de escola da rede pública de ensino:

1. trabalho coletivo no interior da escola;
2. funcionamento da Direção Técnica (diretor, vice e coordenadores) e a comunicação entre seus membros;
3. relacionamento Direção Técnica da Escola e Delegacia de Ensino (Escola e DE);
4. desenvolvimento e desempenho dos alunos;
5. indisciplina na sala de aula e na escola [caracterização e sobretudo causas];
6. pontos de estrangulamento no trabalho escolar.

Didaticamente, poderíamos dizer que o processo de diagnóstico é constituído por três momentos principais:

I. Coleta de dados
II. Análise e interpretação dos dados
III. Produção de relatórios

Discutiremos a seguir cada um desses momentos do diagnóstico.

I. Coleta de dados

I.1. Tipos de informação obtida no diagnóstico

De modo geral, quando consultamos uma pessoa para que nos forneça dados sobre determinado aspecto da escola, podemos obter três tipos de dados:

a) dados sobre a própria pessoa: ao falar sobre o assunto investigado, revela parcela de seu modo de ser e pensar. Se a pessoa em questão for o aluno, e se revelar aspectos importantes, significativos de sua personalidade, que deveriam ser conhecidos *para se acompanhar seu desenvolvimento*, tais aspectos devem ser sucintamente registrados pelo professor coordenador em uma ficha pessoal do aluno. Esse tipo de dado, entretanto, não faz parte, em geral, do diagnóstico almejado inicialmente, pois o diagnóstico versa sobre um *tema* específico, não se refere à vida do aluno propriamente dita (a não ser em casos especialíssimos), ao contrário do dado aqui obtido;

b) *dados qualitativos sobre o que se investiga muito importantes e significativos* (muito reveladores da realidade escolar, em relação ao aspecto estudado): alguns dados são tão importantes e reveladores de aspectos essenciais da escola, que devem integrar a análise, mesmo que tenham surgido uma única vez, de um único aluno. (Exemplo 1. No estudo da indisciplina dos alunos, se constatar que um aluno vem armado para a escola. 2. No estudo da relação aluno-professor, um aluno é claramente discriminado entre os demais por uma professora). Se o dado surge da entrevista ou de conversas informais, deverá ser mais bem investigado no mesmo momento ou eventualmente em outros posteriores, por meio de outras fontes de informação. Se surge de questionários ou de análise de documentação escolar, deverá ser objeto de reflexão minuciosa e, se possível e conveniente, verificado posteriormente mediante procedimento adequado;

c) *dados qualitativos relativos ao que se investiga, e passíveis de ser quantificáveis*: pelo menos quanto à frequência e porcentagem de respostas similares (ou sua porcentagem em relação ao número de pessoas consultadas, ou ainda em relação ao número de respostas dadas por pessoas consultadas, uma vez que, em certos casos, cada entrevistado pode fornecer mais de uma resposta para cada pergunta).

I.2. Instrumentos de diagnóstico

O diagnóstico é um procedimento sistemático para obter conhecimentos de determinada parcela do real. Como a finalidade é a busca do conhecimento da realidade, o instrumento deve se adequar àquilo que será investigado. Ou seja, o método e o instrumento de investigação se subordinam ao objetivo e à sua natureza.

Há vários instrumentos para o diagnóstico escolar, que podem ser utilizados de forma combinada em determinados casos. Individualmente, poderíamos citar, como os mais importantes, os seguintes:

1. questionário aberto;
2. questionário fechado;
3. entrevista (individual ou em grupo);
4. análise sistemática de documentos da escola;
5. conversas informais aparentemente despretensiosas;
6. provas;
7. dinâmicas de grupos;
8. observação.

Vejamos sucintamente os cincos primeiros:

1. *Questionário aberto*: é um instrumento de investigação que se caracteriza pela busca de informações relativas a certo tema (ou temas), solicitadas por escrito (ou também, nesta era da informática, eletronicamente), por meio de *perguntas abertas*. *Perguntas abertas* são aquelas para as quais há um número ilimitado de respostas possíveis e uma imprevisibilidade do tipo ou da natureza da resposta que será dada (confira na página 63 — Anexo — o quadro sinóptico sobre o questionário aberto).

2. *Questionário fechado*: é um instrumento de investigação que se caracteriza pela busca de informações relativas a certo tema (ou temas), solicitadas por escrito, por meio de *perguntas fechadas*. *Perguntas fechadas* são aquelas para as quais ou há um número limitado de respostas possíveis, ou uma previsibilidade do tipo ou natureza da resposta que será dada (confira na página 63 — Anexo — o quadro sinóptico sobre o questionário fechado).

3. *Entrevista*: é um instrumento de investigação que se caracteriza pela busca de informações, em geral sobre temas previamente definidos — ainda que não necessariamente isso deva ocorrer —, obtidas mediante conversa estabelecida entre investigador e sujeito (entrevistador e entrevistado) em um espaço adequado e tendo o

sujeito conhecimento de estar sendo solicitado a construir com o investigador em sua tarefa de investigação (confira na página 64 — Anexo — o quadro sinóptico sobre a entrevista).

4. *Análise sistemática de documentos da escola*: trata do estudo de aspectos significativos da escola a partir do estudo de registros e documentos administrativos e pedagógicos da escola (confira na página 65 — Anexo — o quadro sinóptico sobre análise sistemática de documentos da escola).

5. *Conversas informais aparentemente despretensiosas*: ainda que pareça estranho e muito solene considerá-las como instrumento de investigação, a maior parte do conhecimento que obtemos na escola se dá por essa via: conversas casuais ou discretamente provocadas, realizadas em espaço não específico, sem hora marcada, e sem que o investigador assuma seu propósito de investigação e sem que leve muito a sério sua conduta e propósitos investigativos. Além disso, o outro sujeito do bate-papo, mesmo que chegue a considerar estar servindo de fonte de informação para reflexões e até certos estudos posteriores ou em curso, está mais interessado na continuidade do bate-papo e não reconhece (a não ser em casos atípicos) o investigador como entrevistador, nem o bate-papo como entrevista (confirma na página 65 — Anexo — o quadro sinóptico sobre conversas informais aparentemente despretensiosas).

I.3. Processamento dos dados obtidos

a) Construção de categorias, tabulação dos dados

Em muitos casos — nomeadamente quando são utilizados questionário aberto e questionário fechado, e, em casos especialíssimos, a entrevista —, a análise e a interpretação dos dados só serão possíveis se os dados estiverem previamente ordenados. A ordenação, aqui, consiste em classificar o conjunto de respostas dadas pelos sujeitos para cada pergunta em respostas típicas, que agrupem respostas semelhantes.

Nos questionários fechados, especialmente quando as respostas disponíveis estão prontas e cabe ao sujeito apenas assinalar uma ou mais das respostas já impressas, o trabalho básico é de tabulação do número de escolhas de cada resposta para cada pergunta e sua contagem (além disso, veremos nos próximos subitens o estabelecimento da porcentagem e eventual apresentação da distribuição de respostas por perguntas em gráfico, que poderá ser integrado ou não no relatório final, conforme sua importância.

Nos questionários abertos e nas entrevistas transcritas (totalmente ou apenas determinada parte), a tarefa é mais complexa. Como as respostas não estão prontas e podem ser várias para cada pergunta, temos de reunir respostas parecidas de uma mesma pergunta.

O procedimento que propomos é o seguinte:

1º Antes de ler os questionários, imaginar que respostas seriam mais prováveis para cada pergunta. Montar uma lista das respostas prováveis para cada pergunta, deixando um bom espaço em branco no final da lista. Estas respostas prováveis devem buscar o que de essencial pode aparecer nas respostas dadas nos questionários, sem se perder em detalhes pouco relevantes ou aspectos secundários. O exercício de imaginar as respostas não apenas potencializa o trabalho de interpretação como nos serve de parâmetro daquilo que julgamos conhecer sobre o tema em questão. Muitas vezes temos tanta certeza sobre os dados que esperamos obter, que acabamos nos surpreendendo com dados muito diferentes. Essa situação pode revelar alguns preconceitos que alimentamos em nosso trabalho.

2º Ler as respostas dadas nos questionários para cada pergunta e ver onde se encaixam na lista de respostas típicas preparadas previamente (item anterior), assinalando uma marca (pequeno risco ou traço) à direita da resposta típica, para posterior contagem. Deverá haver, evidentemente, uma marca ao lado da resposta típica (presente na lista de respostas) para cada resposta encontrada no questionário que se encaixa na resposta típica.

3º Se determinada resposta não se encaixar nas respostas típicas elaboradas antes da leitura dos questionários preenchidos, então uma nova resposta típica deverá ser acrescida na lista de respostas possíveis, acompanhada da marca à direita que assinala haver um registro dessa resposta no conjunto dos questionários (ver item 2º).

4º Feita a tabulação, deverá ser contado e registrado o número de vezes em que foi dada cada resposta típica.

Obs. 1: Procurar não ampliar o número de respostas típicas, a não ser que realmente seja impossível incluir determinada resposta do questionário em uma das respostas da lista de resposta sem deturpar a informação.

Obs. 2: Pode-se trabalhar com subcategorias. Ex. Indisciplina e agressão física. Classifica-se separadamente. Assim, respostas dadas deverão ser classificadas em no máximo uma delas, porém, na contagem de indisciplina, somar as respostas de agressão física, pois não deixam de configurar indisciplina, só que mais grave. Na análise, pode-se mencionar que *"'x' respostas referem-se à indisciplina, sendo 'y' relativas à agressão física, caso particular e mais grave de indisciplina"*.

b) *Estabelecimento de porcentagem*

A porcentagem de cada resposta para cada pergunta pode ser referida ao número de sujeitos que responderam ao questionário, ou ao número de respostas dadas (só em algumas circunstâncias, e isso se cada sujeito pôde dar mais de uma resposta à pergunta, o que até é frequente em questionários abertos).

Em geral, refere-se ao número de sujeitos quando se quer destacar as respostas mais frequentemente encontradas. Aponta-se, entretanto, o número de respostas possíveis de serem dadas por cada sujeito, ou, ainda, o número de respostas médias dadas por sujeito.

Eis as duas fórmulas usadas para expressar porcentagem da resposta típica:

por sujeito → (100 × frequência de uma resposta típica)/ nº de sujeitos que responderam à pergunta.

por resposta → (100 × frequência de uma resposta típica)/ nº total de respostas dadas à pergunta.

c) *Produção de gráficos*

Os gráficos servem para melhor visualizar a distribuição dos dados obtidos. Os gráficos mais comuns são os de barra, linha e setor.

Gráficos de barras: são os mais comuns e de uso muito variado. Em geral, expressam *1º) números absolutos de diversos fatores* (frequência de respostas ou quantidade de algo); *2º) evolução de um único fator ao longo do tempo* (pode-se aqui, também, utilizar o gráfico de linha, entretanto, o de barras ressalta a diferença entre um período e outro, enquanto o gráfico de linhas prioriza sobretudo a continuidade entre os dados — ou um período e outro — e talvez seja mais propício para a visualização das tendências); *3º) porcentagem de fatores que compõem um todo*, quando o número de fatores é relativamente grande (maior que oito, por exemplo).

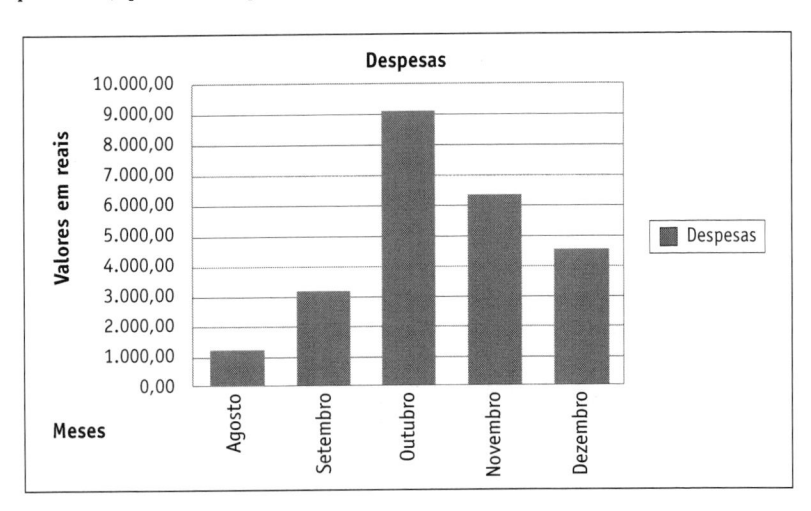

Gráficos de linha: servem, sobretudo, para representar a evolução de um fator ou mais ao longo do tempo, em números absolutos ou percentuais. Para representar a evolução de projeções, usam-se, em um mesmo gráfico, várias linhas, cada uma representando a evolução de algo sob determinadas condições. Pode-se representar dois fatores em gráficos de linhas também, principalmente quando estão relacionados (ex.: evolução mensal das receitas e despesas da escola ou firma ao longo de um ano).

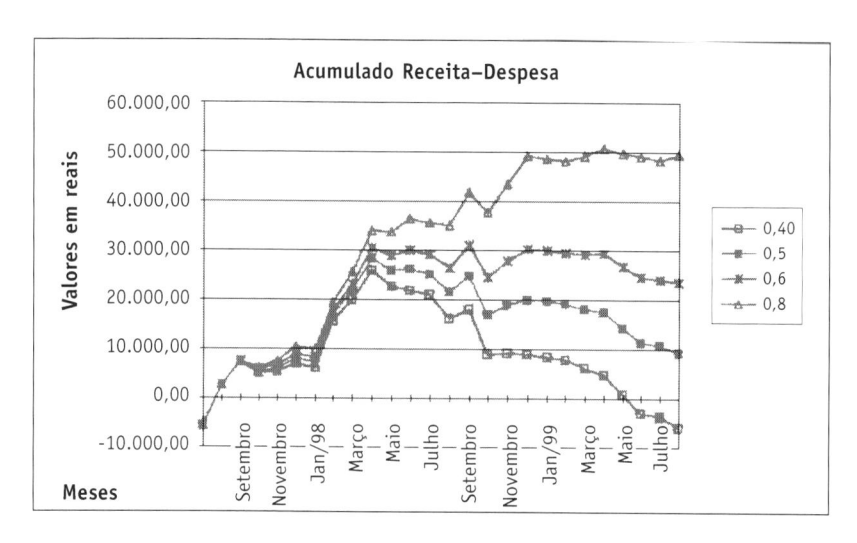

Acumulado Receita–Despesa

Gráficos de setor: são utilizados para expressar porcentagem de um todo (ex.: porcentagem de respostas típicas de uma pergunta de um questionário aberto).

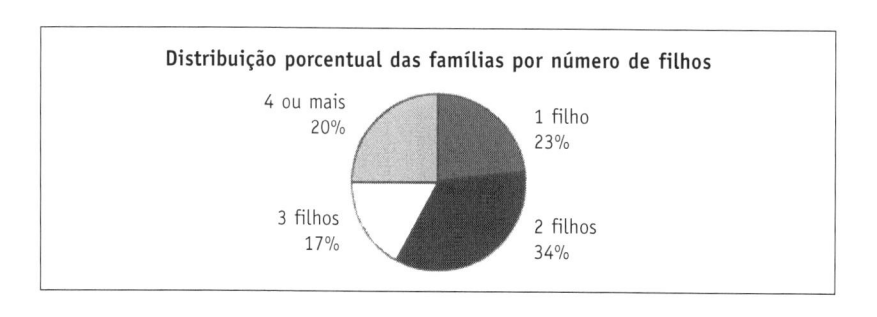

Distribuição porcentual das famílias por número de filhos

- 4 ou mais 20%
- 1 filho 23%
- 2 filhos 34%
- 3 filhos 17%

II. Análise e interpretação dos dados

Os dados, independentemente dos instrumentos pelos quais foram obtidos, precisam sempre ser analisados e interpretados. Esta é a parte mais importante do processo de investigação de uma realidade.

Estamos chamando aqui de *análise* à indagação sistemática *do sentido, do significado* da resposta (ou respostas) encontradas a cada pergunta, e o questionamento fundamental é este: "Por que foram dadas essas respostas, e na frequência em que aparecem?" Assim, após a tabulação, não basta descrever os dados, mas *entendê-los*, o que só é possível com a aplicação de nossa razão.

Vejamos esta seguinte situação ilustrativa: alunos de uma classe vão à professora e declaram que não gostam dela nem da escola. Pergunta: a professora é querida? Resposta: talvez!!! É necessário entender o intuito — às vezes secreto e inconsciente — da comunicação dos alunos, suas expectativas quanto à resposta a ser dada pela professora, o conjunto de suas expressões corporais, a história do relacionamento desses alunos com essa professora. Só assim poderemos saber se realmente não gostam dela, ou se, ao contrário, estão, por exemplo, descontentes porque queriam mais a atenção dela e não estão obtendo. Desse exemplo, fica evidente a importância da análise para se chegar ao conhecimento do real, objetivo da investigação.

Estamos denominando de *interpretação* o processo de descoberta do sentido global das respostas obtidas pela utilização de um (ou mais) instrumento de investigação (associado ou não a observações complementares).

Consideramos adequada para o entendimento da realidade escolar a *interpretação* que denominamos *processual*, caracterizada pelo fato de que as conclusões não estão fragmentadas em respostas ou dados (ou também frases, no caso das entrevistas) e muito menos são possíveis unicamente ao final do estudo. Ao contrário, estabelecem-se progressivamente e pelo entrecruzamento das respostas dadas e dos sentidos provisórios depreendidos da análise das respostas de cada questão ou pergunta. Sua dinâmica opera através de dois mecanismos básicos, que são os seguintes:

1º O entendimento do que se depreende de cada questão (ou parte da entrevista) orienta o pensamento e a atenção para a compreensão das respostas dadas às perguntas seguintes (ou à continuidade da entrevista), ainda não lidas pelo investigador. Ou seja, o entendimento parcial que se obtém a partir das primeiras perguntas *ilumina* o entendimento posterior das respostas dadas às questões seguintes, por meio de certezas obtidas ou hipóteses aventadas, a serem confirmadas na continuidade da análise e da interpretação.

2º A compreensão dos dados posteriores modifica o entendimento prévio, muitas vezes ingênuo, que se tinha a partir apenas da análise das primeiras questões. Essa possibilidade de modificação do entendimento prévio, durante o processo de interpretação, faz surgir novas certezas e respostas que, por sua vez, tanto iluminam o entendimento a ser feito das questões ainda não analisadas como reordenam nosso entendimento ou nossas conclusões a respeito das questões prévias, refutando-as, enriquecendo-as, complementando-as, ou mesmo simplesmente confirmando-as.

Percebe-se aqui que a capacidade interpretativa depende de uma mobilidade do nosso pensamento e julgamento. Devemos ter certa dose de "liberdade" para conseguir levantar hipóteses que eventualmente são negadas.

Cabe destacar que, na entrevista, boa parte da interpretação ocorre no momento mesmo da entrevista, redirecionando a atenção do entrevistador e as perguntas a serem formuladas por ele. É por isso que a entrevista é muito mais dinâmica que o questionário, mesmo o aberto, pois o entrevistador pode descartar perguntas percebidas como pouco importantes de serem feitas ao sujeito, aproveitando-se da oportunidade para perguntar o que o sujeito sinaliza como fundamental para ser perguntado, de modo a obter respostas que possam orientar ou dar pistas importantes para o entendimento do que é investigado, entendimento do real, enfim.

III. Produção de relatórios

O relatório deve expressar de forma clara e direta o entendimento mais profundo possível do tema investigado. Difere da interpretação pelo fato de ser produzido quando esta já se concluiu, não necessitando seguir a ordem cronológica dos temas interpretados, muito menos expressar dúvidas e vaivém típicos do processo de interpretação processual. Não se inicia o relatório como se houvesse dúvidas que foram sanadas no decorrer da interpretação, mesmo que o relatório comece com conclusões tiradas da primeira questão. A primeira questão, nesse caso, já deve trazer todos os elementos que sobre ela puderam ser descobertos, mesmo que essas descobertas tenham sido favorecidas por dúvidas que surgiram somente a partir de análise de questão posterior.

O relatório deve ser iniciado fazendo-se referência ao tema ou ao problema investigado e, no máximo, brevíssimas considerações sobre instrumento, método e amostra utilizados, entrando rapidamente nas conclusões. As conclusões não devem aparecer no final do relatório pelo simples fato de o relatório ser a própria conclusão a que chegou a investigação, distinguindo-se, nesse caso, de certos procedimentos acadêmicos muito estimados nas consideradas ciências naturais.

No caso de uso de questionário, este poderá ser incluído no final do relatório, anexo.

Aspectos estéticos, estilísticos e gramaticais devem ser observados, ao mesmo tempo que a preocupação com uma linguagem acessível e direta que garanta o uso do relatório pela instituição à qual ele se destina.

Sobre o diagnóstico

ANEXO

	1. Questionário aberto
Finalidade	Entendimento aprofundado de questões complexas ou relativamente complexas (quanto à caracterização e às suas causas), por meio de perguntas padronizadas feitas a um número, em geral *não pequeno*, de pessoas. Supõe minuciosa análise quantitativa e qualitativa.
Amostra	Pode-se solicitar o preenchimento do questionário a todas as pessoas de determinado grupo (ex.: alunos de uma classe, professores do período diurno de uma escola) ou a uma amostra (algumas pessoas do grupo em questão), em geral escolhidas aleatoriamente (ao acaso, evitando-se privilegiar a escolha de pessoas desse ou daquele eventual subgrupo). A amostra não poderá ser muito pequena, a ponto de serem inconclusivos os dados coletados (sobretudo quando houver uma destacada preocupação com o fator quantitativo das respostas), nem muito grande, a ponto de inviabilizar o trabalho de tabulação e interpretação dos dados.
Confiabilidade	Depende da forma de aplicação: 1° De preferência, os sujeitos que responderão ao questionário não devem trocar informações sobre o questionário a ser preenchido, de modo que não interfiram nas respostas do colega. 2° Se os temas ou as perguntas forem passíveis de causar medo ou constrangimento nos entrevistados, os sujeitos deverão manter-se no anonimato, não assinando, então, o questionário, para não caírem na tentação de ocultar dados significativos que poderiam, em outras circunstâncias, comprometer-lhes.
Usos e limites	Instrumento do dia a dia do trabalho do professor coordenador, deve ser preferido em relação ao questionário fechado quando envolver investigação de aspectos mais complexos da realidade escolar, ou ideias, imagens ou concepções muito pessoais (singulares e idiossincráticas) dos entrevistados. Se a amostra for pequena, está privilegiando mais o entendimento profundo de certos fenômenos e suas causas do que a expressão média das opiniões da amostra sobre o assunto investigado.

	2. Questionário fechado
Finalidade	*Entendimento preciso* de questões simples ou relativamente simples (quanto à caracterização e às suas causas), através de perguntas padronizadas feitas a um número, em geral grande, de pessoas. A análise depende de aprimorado tratamento quantitativo dos dados fornecidos.
Amostra	Pode-se trabalhar com toda uma classe de pessoas, ou apenas com uma amostra. Entretanto, mesmo sendo constituído de perguntas fechadas, muito mais fáceis de ser tabuladas e processadas, tem-se sempre de analisar o volume de trabalho proposto (número de questionários e questões por questionário) antes de aplicá-lo.

63

Confiabilidade	Também depende da forma de aplicação, do anonimato em caso de questões consideradas comprometedoras e, como sempre, na relação de confiança e cooperação entre investigador e sujeitos que responderão ao questionário.
Usos e limites	É muito usado para investigação de fatos menos complexos (hábito de estudo, situação socioeconômica do aluno, censo do IBGE). Sua grande vantagem é a possibilidade de rápida tabulação, o que permite trabalhar com amostra de entrevistados muito maior do que com questionários abertos, assegurando maior representatividade. Em geral, não dá conta de questões mais complexas ou subjetivas.

	3. Entrevista
Finalidade	Entendimento *aprofundado* e *processual* de questões *complexas* (quanto à caracterização e às suas causas) e em muitos casos imprevisíveis (o entrevistador não sabe exatamente o que poderá aparecer na entrevista, e deverá formular suas questões a partir do que ouve, e não somente a partir de roteiro prévio). É realizada mediante conversas entre investigador e indivíduos ou grupo. A amostra em geral é pequena e a ênfase absoluta é no entendimento aprofundado de questões complexas e muitas vezes sequer conhecidas, e não na tipicidade das respostas, ou opinião média sobre determinado assunto. É o instrumento de investigação básico do professor coordenador.
Amostra	Sempre pequena, a não ser muito excepcionalmente. O conceito de amostra nem deve ser levado muito a sério, pois se busca a determinação dos fenômenos a partir de indícios dados, e não a expressão média desses indícios. Assim, a informação importante não é necessariamente aquela que todos dariam, mas aquela que fornece indícios preciosos ao investigador para entender aspectos da instituição investigada.
Confiabilidade	Depende da capacidade de estabelecimento de bom vínculo com o entrevistado, da formulação de perguntas que explorem as informações dadas na própria entrevista, da percepção do entrevistador de possível mentira pelo entrevistado e da capacidade de formular discretamente perguntas que acabam testando a veracidade de respostas anteriormente dadas, quando isso se fizer necessário.
Usos e limites	Quanto mais complexo, pessoal e subjetivo o tema a ser investigado, mais pertinente é a entrevista. O professor coordenador deve entrevistar em sua prática cotidiana alunos, professores, pais etc. sempre que houver necessidade, e deve se aprimorar na técnica de entrevista.

Sobre o diagnóstico

	4. Análise sistemática dos documentos da escola
Finalidade	Estudo de aspectos significativos da escola a partir de seus registros administrativos e pedagógicos.
Amostra	Não há aqui amostra de pessoas. Trata-se apenas de consulta de documentos pertinentes à elucidação do assunto investigado (ex.: índice de evasão, taxa de repetência, evolução das notas dos alunos etc.)
Confiabilidade	Depende da confiabilidade das fontes de informação: os documentos analisados.
Usos e limites	Os documentos deveriam ser feitos para ser posteriormente consultados; entretanto, em muitas escolas, é necessário aprimorar e intensificar o registro e a produção de documentos, especialmente na área pedagógica. Assim, a análise sistemática de documentos da escola, que deveria estar sendo constantemente realizada, pode acabar não ocorrendo tanto pela desconsideração deste importante instrumento de investigação como pela precariedade das fontes documentais.

	5. Conversas informais aparentemente despretensiosas
Finalidade	Conhecer algo simples de modo rápido e cotidiano.
Amostra	Refere-se apenas à pessoa ou ao grupo com quem se conversa. Não há preocupação com a representatividade da informação.
Confiabilidade	Apenas em alguns casos pode-se ter maior confiança na informação. Em geral, esta é precária, fragmentária, quando não falsa, precisando, em geral, ser checada de outras formas ou em repetidos eventos para se ter maior certeza da veracidade do que foi descoberto, assim como da extensão dessa veracidade.
Usos e limites	Impossível não usá-la. Faz parte do ser humano conversar e tirar suas conclusões a partir disso. Apenas deve se equilibrar a obtenção de informações através desse meio com o uso de instrumentos mais precisos e sistemáticos na obtenção de informação.

Edições Loyola

editoração impressão acabamento

Rua 1822 nº 341 – Ipiranga
04216-000 São Paulo, SP
T 55 11 3385 8500/8501, 2063 4275
www.loyola.com.br